공룡개미
개미공룡

### 글 김성화·권수진

부산대학교에서 생물학, 분자생물학을 공부했어요.
책을 좋아하고 과학을 좋아해요. 심오한 과학의 세계로 아이들과 함께 가고 싶어요.
『고래는 왜 바다로 갔을까?』, 『과학자와 놀자』, 『파인만, 과학을 웃겨 주세요』,
『세균호텔』, 『뉴턴』, 『갈릴레오 갈릴레이』, 『점이 뭐야?』 외 여러 책을 함께 썼어요.

### 그림 김규택

이야기를 만나는 것은 늘 즐겁고 위안이 되는 일이었어요.
이야기 속에서 받은 감정들을 더 풍성하게 전해 줄 수 있는 사람이 되려고 노력 중이지요.
쓰고 그린 책으로 『세상에서 가장 큰 가마솥』, 『옛날 옛날』이 있고,
『옹고집전』, 『서당개 삼년이』, 『우리 땅 노래 그림책』 등에 그림을 그렸어요.

과학 상상, 어떻게 하지? 1
# 공룡개미 개미공룡

초판 1쇄 2018년 4월 12일
초판 3쇄 2021년 3월 10일

**지은이** 김성화, 권수진 | **그린이** 김규택 | **편집** 최은주, 박선영 | **마케팅** 강백산, 강지연 | **디자인** 마루·한
**펴낸이** 이재일 | **펴낸곳** 토토북 | **주소** 04034 서울시 마포구 양화로11길 18 3층(서교동, 원오빌딩)
**전화** 02-332-6255 | **팩스** 02-332-6286 | **홈페이지** www.totobook.com | **전자우편** totobooks@hanmail.net
**출판등록** 2002년 5월 30일 제10-2394호

ISBN 978-89-6496-369-2 74400, ISBN 978-89-6496-368-5 74400(세트)

ⓒ 김성화, 권수진, 김규택 2018

• 이 책은 저작권법에 의해 보호를 받는 저작물이므로 무단 전재 및 무단 복제를 금합니다.
• 잘못된 책은 바꾸어 드립니다.

제품명 : 공룡개미 개미공룡 | 제조자명 : 토토북 | 제조국명 : 대한민국
인증유형 : 공급자 적합성 확인 | 사용자 연령 : 8세 이상 | 제조일 : 2021년 3월 10일
주소 : 서울시 마포구 양화로 11길 18, 3층(서교동, 원오빌딩) | 전화 : 02-332-6255
* KC마크는 이 제품이 공통안전기준에 적합하였음을 의미합니다.

⚠ **주의** 아이들이 책의 모서리에 다치지 않게 주의하세요.

과학 상상, 어떻게 하지? 1

# 공룡개미
# 개미공룡

김성화·권수진 글 | 김규택 그림

왜 공룡만큼 커다란 개미는 없을까? 왜 개미만큼 조그마한 공룡은 없을까?

나는 공룡이 좋아.
공룡이 커서 좋아.
공룡은 무시무시해.
무시무시한 이빨
무시무시한 발톱
무시무시한 꼬리
시시한 게 하나도 없어.
언젠가는 사자와 바다거북,
이구아나가 더 좋아질지도 모르지만
지금은 공룡이 제일 좋아.

하지만 공룡은 지구에 없어!
공룡은 동물원에도 없고
아프리카에도 없어.
박물관에 가 보았지만
거기에는 뼈밖에 없어.
공룡의 뼈가 돌이 되었어!

공룡은 사라져 버렸어.
쿵쾅쿵쾅 지구를 걸어 다니다가
6500만 년 전에 모두 없어져 버렸어!
공룡이 어디로 갔을까?
바다에 거대한 고래가 숨어 있는 것처럼
육지에도 공룡이 살면 좋겠어.

# 쿵쿵이 보고 싶어!

공룡은 세상에서
가장 커다랗고
비밀스럽고
볼 수 없으니까!

나는 브라키오사우루스를 제일 좋아해.
브라키오사우루스는 키가 16미터야!
16미터라고?
그게 도대체 얼마만큼일까.
얼마만큼이지?
그러니까 그건 공룡이 우리 학교보다도 커서
5층 창문으로 고개를 쑤욱 들이밀 정도라는 거야!
작은 얼굴, 납작한 주둥이, 커다란 콧구멍으로
그놈이 쉭쉭 소리를 내.

만약에 브라키오사우루스가 학교에 온다면

# 야아아아

1학년부터 6학년까지
브라키오사우루스 위에 타고
교장 선생님의 이야기를 들을 거야.
그러면 절대로 절대로 내려오지 않을 텐데.

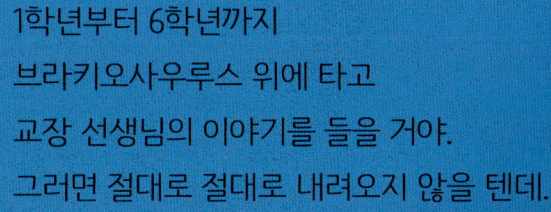

쿵쾅쿵쾅!
공룡 책 속에서 브라키오사우루스가 걸어가.
앗, 비가 내려.
커다란 발자국에 물이 고여.
나는 공룡 발자국 연못에서
첨벙첨벙 첨벙첨벙.

내가 상상에 빠져 있을 때
벌레 한 마리가
꼬무루루.
앗! 개미잖아!
한 마리, 두 마리, 세 마리……,
열 마리, 스무 마리…….
개미들이 줄줄줄줄 줄줄이 와.

앗, 개미들이 공룡 책으로 들어가!
나는 한쪽 눈으로 공룡을 봐.
한쪽 눈으로 개미를 봐.
공룡이 걸어가.
개미가 걸어가.
공룡과 개미가 나란히 걸어가!
개미와 공룡이 나란히 걸어가!
개미는 공룡이 보일까?
공룡은 개미가 보일까?

눈을 감고
나는 옛날 옛날 옛날 옛날……,

으아아악

백 년, 천 년, 십만 년 전,

아니 아니

천만 년 전, 2천만 년 전,

5천만 년 전……,

아직 아직 멀었어.

6천만 년 전, 7천만 년 전, 8천만 년 전,

9천만 년 전, 1억 년 전······,

옛날 옛날로 가.

어디일까?
나는 옛날 옛날 지구에 서 있어.
나무들이 높이높이 자라고
온 세상이 따뜻하고 축축해.
이끼가 폭신폭신.
고사리가 어깨를 간질간질.
앗, 조심해!
늪이야!

뭐지?
축구공 같아!
들썩거려.

짜르르르 자르르르
빠지지지직

알이잖아!
알이 부서져!
머리를 내밀어. 쏘옥!
앗, 공룡이잖아!
작고 반질반질한 새끼 공룡이 알에서 나왔어.
애걔걔, 겨우 내 팔뚝만 한걸?
안아 보고 싶어.
아니 무서워!
아니 무섭지 않아!
저놈은 정말 작은걸?
공룡이 될 수 있을까?

공룡이 자라!
날마다 커져!

쑥쑥쑥

마법의 버섯이라도 먹은 걸까?
열흘마다 한 뼘씩
한 달마다 우산 키만큼 커지는 거야.
한 살인데 몸무게가 3000킬로그램이야!
우아! 계속 계속 계속 계속 계속 계속 자라.
상상하면 좋은 건
시간을 휙휙 지나가게 할 수 있다는 거야!

쾅!
쿵!

보라키오사우루스 한 마리가 걸어가.
배가 고파서 서둘러 가.
너무 빨리 자라서 그런 거야.
앗, 땅이 흔들려!
돌덩이가 튀어!
개미들이 허둥지둥.
지진이야!
흙이 쏟아져!
개미들이 쏟아져!

개미 떼가 피난을 가.
산을 오르고,
오르고,
오르고,
오르고.
끝없이 올라가.
이상한 산이네.
딱딱하고
구불텅구불텅.
사방에 구덩이가 있어!

"이상한 산이네. 이상한 산이야. 이상한 산이네. 이상한 산이야."

# 우아! 개미들아! 너희는 지금 공룡

위에 타고 있다고!

눈을 크게 뜨고 봐봐 멀리멀리!
공룡아, 제발 개미를 봐!
눈을 실같이 뜨고 개미를 보라고!
아이고 답답해!
발가락이 꼼질꼼질
오줌이 마려워.
개미에게 망원경을 줄 수 있다면…….
공룡에게 현미경을 줄 수 있다면…….
공룡은 너무 커서 개미를 보지 못해!
개미는 너무 작아서 공룡을 보지 못해!

# 쿵! 쿵! 쿵!

공룡이 걸어가.
공룡 한 걸음이
개미한테는 2만 걸음!
쿵쾅쿵쾅!
공룡아, 안 돼!
개미가 집에 못 간다고!

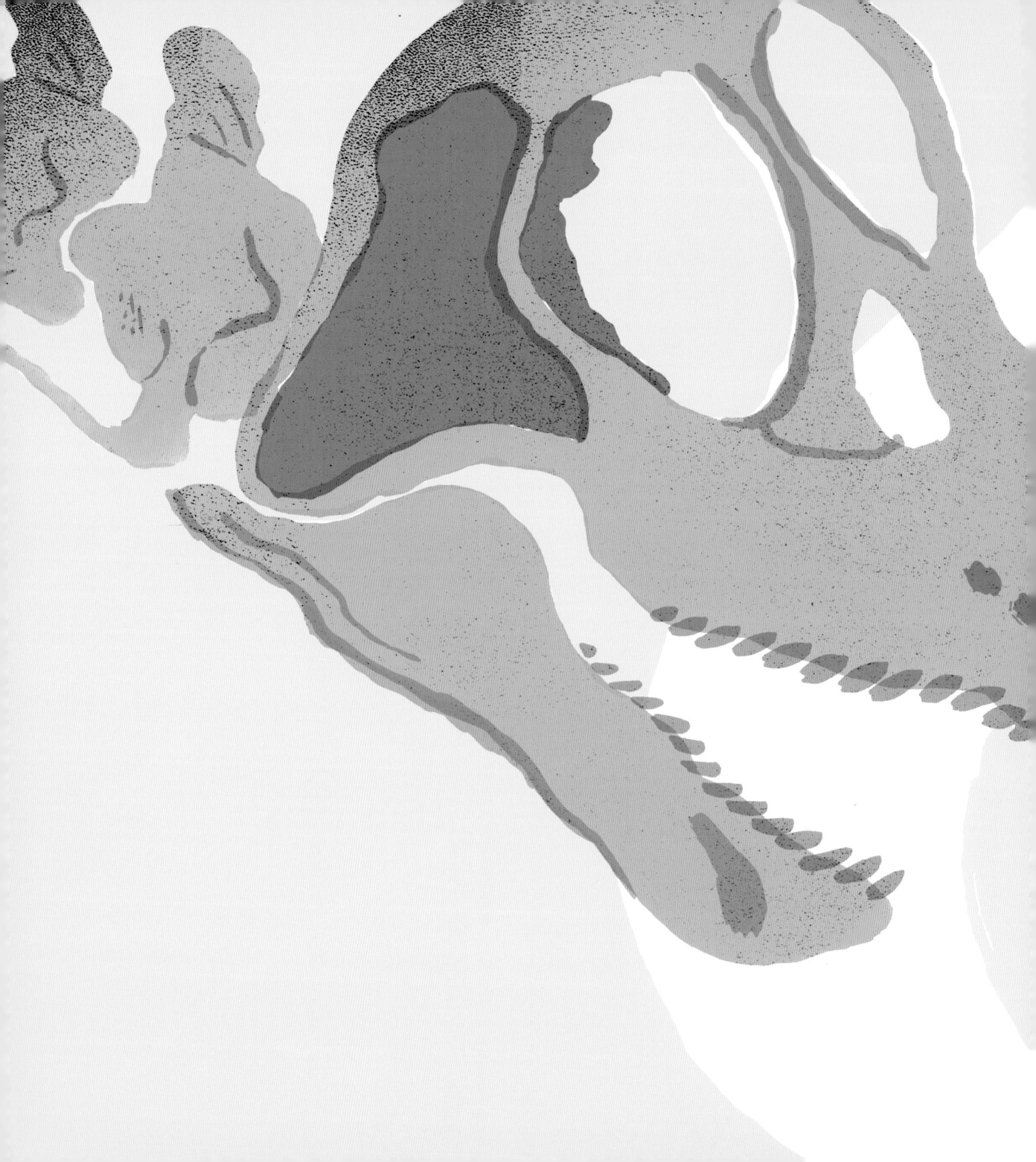

옛날 옛날에 공룡이 살았어.
옛날 옛날에 개미가 살았어.
공룡과 개미는 서로서로
한 번도 보지 못했어.
공룡 등 위로 오르락내리락,
공룡 뼈 위로 오르락내리락.
박물관의 개미들도 모른다니까.
개미야, 내가 보여 줄게!
보여?

나는 상상해.
개미만큼 조그만 공룡을!
공룡이 작고 작고 작고,
점점 점점 작아져!
개미만 한 몸통에
뼈와 다리, 근육과 발톱,
뭉툭한 꼬리를 구겨 넣어.
푸하하하!

안 되겠어.
개미야, 네가 커져.
개미가 크고 크고 크고,
점점 점점 커져!
머리가 하마만 하고
눈알이 트럭 바퀴처럼 툭 튀어나오고
배가 수사자만 해.
온통 까만 괴물이
포크레인 같은 다리로
연못을 풀쩍,
성큼성큼 벽을 타고 올라간다면!

아니 아니
개미는 공룡이 될 수 없어!
공룡은 개미가 될 수 없어!
왜냐하면,
왜냐하면,
뼈에 비밀이 있기 때문이야.

개미는 뼈가 없어.
뼈가 없으면 커질 수 없어.
폭삭 무너져 버려!
공룡의 몸속엔 단단하고 무거운 뼈가 있어!
튼튼한 뼈가 받쳐 주어서
공룡은 그렇게 커진 거야!

개미한테도 뼈가 있다면 좋을 텐데!
몸속에 튼튼한 등뼈가 있고,
다리에도 뼈가 있고,
개미가 진화하고 진화하고 또 진화한다면
공룡만큼 거대한 개미가 될지도 몰라!
하지만 그건 개미가 아니야.
무법자 괴물이야.
여왕개미도 없고, 일개미도 없고
떼 지어 살 수 없어.
혼자서 사냥하고 혼자서 쿵쾅거려!
그러니까 그건
아마도
틀림없이
개미가 아닐 거야!

그래도 나는 상상하고 싶어.
개구리보다 크고
염소보다 크고
사자보다 커다란
공룡개미와
오리보다 작고
개구리보다 작고
딱정벌레보다도 작은
개미공룡을!

# 공룡 뼈와 개미 뼈의 비밀

왜 공룡만큼 커다란 개미는 없을까?
왜 개미만큼 조그만 공룡은 없을까?
그건 바로바로 중력 때문이야.
지구의 중력이 공룡을 세게 끌어당겨!
공룡이 짜부라져!
공룡이 짜부라지지 않고 크게 자라려면 튼튼한 뼈가 있어야 해.
튼튼한 뼈로 중력을 이기고 공룡이 위풍당당 걸어 다녀.
개미는 뼈가 없어.
개미만큼 작은 동물은 튼튼한 뼈가 없어도 돼.
개미는 뼈 대신 몸 바깥에 딱딱한 껍데기가 있어!
껍데기로 몸을 보호해.
중력이 없다면 뼈가 없어도 돼!
공룡과 개미는 지구의 중력에 딱 맞게 진화했어.
공룡은 공룡만 하게, 개미는 개미만 하게.

만약 중력이 아주 아주 아주 작은 별이라면
거대한 고래가 땅 위에 똑바로 서서 꼬리지느러미로
사뿐사뿐 걸어 다닐지 몰라.
만약 중력이 지구보다 훨씬 훨씬 훨씬 큰 별이라면
거기에는 무엇이 살고 있을까?